Christine Nöstlinger
Krankengeschichten vom Franz

Zeichnungen von Erhard Dietl

Verlag Friedrich Oetinger · Hamburg

Alle Franz-Bände auf einen Blick:

Geschichten vom Franz
Neues vom Franz
Schulgeschichten vom Franz
Neue Schulgeschichten vom Franz
Feriengeschichten vom Franz
Fernsehgeschichten vom Franz
Krankengeschichten vom Franz
Liebesgeschichten vom Franz
Weihnachtsgeschichten vom Franz

sowie die farbig illustrierte Sonderausgabe
Allerhand vom Franz

© Verlag Friedrich Oetinger, Hamburg 1990
Alle Rechte vorbehalten
Einbandgestaltung: Manfred Limmroth
Titelbild und Illustration: Erhard Dietl
Satz: Neumann-Werbung, Hamburg
Druck und Bindung: Graphischer Großbetrieb Pößneck
Printed in Germany 1995

ISBN 3-7891-1012-4

Wer vom Franz noch nichts weiß, dem muß man zuerst allerhand erklären:

1. Der Franz ist acht Jahre und sechs Monate alt. Sein großer Bruder heißt Josef, und seine Mama und sein Papa sind sehr lieb.
2. Obwohl der Franz im letzten halben Jahr um eine Handbreit gewachsen ist, ist er das kleinste Kind in der Klasse.

Aber nun ist der Unterschied zwischen ihm und dem zweitkleinsten Kind nicht mehr sehr groß.

3. Wenn sich der Franz aufregt, wird seine Stimme so piepsig, als gehöre sie einem heiseren Wellensittich.

4. Manche Leute halten den Franz für ein Mädchen. Wegen seiner blonden Locken, seiner Veilchenaugen und seinem Kirschenmund. Doch so oft wie früher passiert das nicht mehr. Die Nase vom

Franz wächst nämlich enorm. Und eine große Nase, sagt der Papa, macht ein Gesicht männlich!
5. Neben dem Franz wohnt die Gabi. Die ist so alt wie der Franz. Und sie ist seine Freundin. Leider geht sie nicht mit ihm in dieselbe Klasse. Der Franz geht in die 2 b, die Gabi geht in die 2 a.
Früher hatte der Franz drei große Probleme: die Winzigkeit, das Mädchengesicht und die Piepsstimme.

Seit nicht nur die Nase, sondern der ganze Franz tüchtig wächst, ist er zwei von den drei Problemen fast los. Dafür hat er zwei neue dazubekommen. Das eine ist die Frau Leidenfrost. Die kommt seit ein paar Monaten jeden Vormittag,

macht Essen, räumt auf, ist unfreundlich und geht erst weg, wenn die Mama von der Arbeit heimkommt.

„Unser Hausdrachen", nennt der Josef die Frau Leidenfrost. Die Leidenfrost nennt sich selber: „Halbtags-Haushälterin".

Das zweite neue Problem vom Franz sind die Krankheiten. Die kommen in letzter Zeit immer zur falschen Zeit! Oft wünscht sich der Franz, krank zu sein. Meistens dann, wenn er nicht in die Schule gehen mag. Doch dieser Wunsch geht nie in Erfüllung. Pumperlgesund bleibt der Franz, wenn er krank sein will. Krank wird er nur, wenn es ihm gar nicht in den Kram paßt. Wenn gerade der Zirkus in der Stadt ist oder die Gabi Geburtstag hat.

Der Franz findet das ungerecht und gemein!

Der gepfefferte Schnupfen

Einmal, an einem Montag, rief die Oma aus dem Altersheim an. Sie sagte: „Ich habe Grippe. Kommt nicht zu Besuch, sonst steckt ihr euch an!"
Am Dienstag konnte der Josef keinen Bissen vom Mittagessen schlucken. „Ich komm um vor Halsweh, ich bin krank", krächzte er und legte sich ins Bett.
Am Mittwoch, als der Franz von der Schule kam, krächzte der Josef: „Ich hab die Leidenfrost mit der Grippe angesteckt. Den Hausdrachen sind wir für eine Woche los!"
Am Donnerstag blieb der Papa im Bett. Die Mama machte ihm einen Wickel, bevor sie ins Büro ging.

„Hast du auch die Grippe?" fragte der Franz.
Der Papa klapperte bloß mit den Zähnen. Das tun alle Leute, denen man ein nasses kaltes Leinentuch um den heißen Bauch wickelt.
Am Freitag kam die Mama vom Büro heim, wankte zu ihrem Bett und murmelte:

„Ich muß ein bißchen schlafen!" Aber vor
lauter Husten konnte sie dann doch nicht
einschlafen.

Da dachte der Franz: Am Montag die
Oma, am Dienstag der Josef, am Mittwoch
der Hausdrachen, am Donnerstag der
Papa, am Freitag die Mama – also bin
ich am Samstag dran!
Ganz sicher war der Franz, daß er
morgen Grippe hatte. Und das freute ihn.
Weil Grippe nicht an einem Tag
vorübergeht. Die dauert ein paar Tage.
Der Franz fand es gut, ein paar Tage
nicht in der Schule zu sein. Der Franz
fand es sogar ganz unmöglich, die nächsten
paar Tage in der Schule zu sein.
Auf dem Heimweg von der Schule hatte
er nämlich der Evi einen Zopf
abgeschnitten. Fünfzig Zentimeter dünnen,
braunen Zopf, mit roter Schleife daran.

Das war so passiert: Er war mit der Evi, der Gabi und dem Xandi heimgegangen. Und die Evi hatte zu ihm „dummer Zwerg" gesagt. Er hatte der Evi einen Schubser gegeben. Dabei war der Evi das Handarbeitskörfferchen aus der Hand gerutscht und aufgesprungen. Und die Schere war herausgefallen. Der Franz hatte die Schere aufgehoben.

„Ritsch, ratsch, jetzt schneide ich dir einen Zopf ab", hatte er gesagt und mit der Schere vor dem Zopf herumgeschnipselt.

„Das traust du dich nicht!" hatte die Evi gesagt.

„Das trau ich mich doch!" hatte der Franz gesagt.

Aber er hatte es nicht ernst gemeint. Doch auf einmal war der Zopf in der Schere drinnen, und der Franz hatte zugedrückt. Warum er das getan hatte, konnte er sich nachher selber nicht erklären. Und wenn der dumme Zopf nicht gar so ein dünnes Rattenschwänzchen gewesen wäre, wäre er von einmal ein bißchen zudrücken bestimmt nicht gleich ritsch, ratsch ab gewesen!

Die Evi hatte den Zopf vom Boden

aufgehoben und geschrien:
„Wart nur! Am Montag kommt meine Mama in die Schule! Und sagt alles der Frau Direktor! Da kannst du was erleben!" Dann war sie schluchzend weggelaufen.

Kein Wunder also, daß sich der Franz
auf die Grippe freute! Den ganzen
Samstag wartete er auf sie.
Am Sonntag, zu Mittag, war sie immer
noch nicht da. Der Franz dachte: Jetzt
wird es aber langsam Zeit! Er zog sich
aus und legte sich ins Bett.
„Ich krieg die Grippe", rief er so laut,
daß es die Mama, der Papa und der
Josef in ihren Betten hören konnten.
Alle drei kamen gelaufen. Der Josef mit
Wollschal um den Hals, die Mama mit
Öltuch auf der Brust, der Papa mit
Essigpatschen an den Füßen.
Der Papa schob dem Franz den
Fiebermesser unter die Achsel. Nach fünf
Minuten zog er ihn heraus und sagte:
„Sechsunddreißigsechs – normale
Temperatur!"
Die Mama legte ein Ohr an die Brust

16

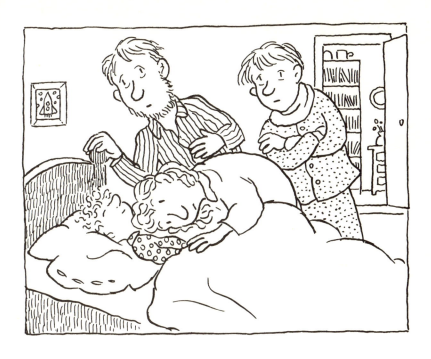

vom Franz und sagte: „Da raschelt nichts. Normaler Atem!"
Der Josef schaute dem Franz in den Hals und sagte: „Überhaupt nicht rot. Normaler Schlund!"
Dann niesten alle drei und sagten: „Nicht einmal Schnupfen hast du!" und gingen in ihre Betten zurück.

Der Franz schlich in die Küche, nahm den Pfefferstreuer und schüttete den ganzen Pfeffer auf sein Taschentuch. Dann schlich er ins Bett zurück und hielt sich das Taschentuch unter die Nase. Einen schrecklichen Niesanfall bekam er. Und als der endlich nachließ, hielt er sich wieder das Taschentuch unter die

Nase. Bis zum Abend stand er das gepfefferte Niesen durch. Bis die Mama zu ihm kam und sagte:

„Armer Franz, hast du doch die Grippe. Morgen kannst du nicht in die Schule gehen!"

Erst dann warf der Franz das gepfefferte Taschentuch unter das Bett. Aber seine Nase war vom vielen Niesen so wund und gereizt, daß er die ganze Nacht weiterniesen mußte. Und seine Augen waren brandrot. Und im Hals und in den Ohren juckte es ihn sehr.

Noch matter und müder als der Papa, die Mama und der Josef war der Franz am Morgen. Zufrieden war er trotzdem. Er dachte: Hauptsache, ich muß wegen dem blöden Zopf nicht zur Frau Direktor. Und endlich bin ich einmal zur richtigen Zeit krank!

Mittags kam dann die Gabi. Bei der Zimmertür vom Franz blieb sie stehen. Wegen der Ansteckungsgefahr. Sie sagte: „Jammerschade, daß du nicht in der Schule warst. Die Frau Direktor hat Grippe, dein Lehrer hat Grippe, fast alle Kinder haben Grippe! Die gesunden Kinder aus deiner Klasse waren heute in meiner Klasse. Wir haben nicht gelernt. Wir haben gesungen und gespielt und erzählt. Du hättest die ganze Zeit neben mir sitzen können!"

„Und die Evi?" fragte der Franz.

Die Gabi sagte: „Die ist gesund und hat jetzt Ringellocken aus Dauerwellen. Damit ist sie viel hübscher. Alle Kinder haben sie bewundert. Und sie ist gar nicht mehr böse auf dich. Denn ohne dich wäre sie nie zu so einer schönen Frisur gekommen!"

Da schlug der Franz wütend mit den Fäusten auf die Bettdecke. So eine Gemeinheit, so eine Ungerechtigkeit, wollte er schreien. Aber vor lauter Aufregung hatte er wieder einmal seine Piepsstimme. Die Gabi verstand kein Wort.
„Was ist los?" fragte sie.

Der Franz zog sich die Bettdecke über den Kopf, drehte sich zur Wand und tat sich leid. Ganz umsonst hatte er sich halbtot geniest! Er hatte bloß einen wunderbaren Vormittag neben der Gabi versäumt!

Trotz Ansteckungsgefahr ging die Gabi zum Franz und zupfte an der Bettdecke.

„Was hast du denn?" fragte sie.

„Nur Gemeinheit und Ungerechtigkeit hab ich", piepste es aus der Decke.

„Bei dem hat sich die Grippe aufs Hirn geschlagen", murmelte die Gabi und ging heim.

Die Liebe auf dem Gips

Einmal kam der Franz von der Schule
und sagte zur Leidenfrost:
„Morgen ist Wandertag. Wo ist denn mein
Rucksack?"
„Keine Ahnung", sagte die Leidenfrost.
Der Franz suchte die ganze Wohnung ab.
Er fand den Rucksack nicht.
„Nimm meinen", sagte der Josef.
„Der ist zu riesig", sagte der Franz. „Der
hängt mir bis in die Kniekehlen!"
„Für einen Zwerg ist fast alles riesig",
kicherte der Josef.
Der Franz rief die Mama an. Die sagte:
„Dein Rucksack ist im Keller, im
Strohkoffer!"
„Was lang im Keller liegt, das modert",
sagte die Leidenfrost. „Hol den Rucksack

23

rauf! Ich häng ihn ans Fenster, zum Lüften!"

Der Franz war noch nie allein im Keller gewesen. Vor dem Keller hatte er Angst. Erstens überhaupt und zweitens, weil Ratten im Keller wohnten. Aber der Franz redete nicht gern über die Angst. Deshalb sagte er zur Leidenfrost: „Bitte holen doch Sie ihn rauf!"

„Ich bin ja nicht deine Kammerzofe", keifte die Leidenfrost.

Der Franz bat den Josef.

Der lachte. „Hast du Schiß vor dem Keller?" fragte er.

„Überhaupt nicht!" piepste der Franz.

Er dachte: Ich warte, bis die Mama kommt! Mit der Mama konnte er gut über die Angst reden.

Aber die Leidenfrost keifte: „Na, so hol ihn schon!"

Und der Josef lehnte in seiner Zimmertür und grinste hämisch.
Da griff der Franz nach dem Kellerschlüssel.
„Nimm die Taschenlampe mit", sagte die Leidenfrost. „Das Kellerlicht geht nicht!"
„Die Ratten haben das Kabel durchgebissen", sagte der Josef und lachte.
Der Franz steckte die Taschenlampe in den Hosenbund. Er hatte Herzklopfen,

und seine Knie schlotterten, als er die Treppe zur Kellertür hinunterging. Mit Zitterfingern drehte er den Schlüssel im Schloß. Knarrend schwang die Tür auf. Der Franz schaute in ein großes, rabenschwarzes Loch. Er zog die Taschenlampe aus dem Hosenbund und knipste sie an. Tapfer stieg er eine Stufe – und noch eine Stufe – und noch eine Stufe – in das rabenschwarze Loch hinein. Zwei Stufen schaffte er noch, dann hörte er ein Geräusch. Er dachte: Das muß eine Ratte sein. Vor Schreck ließ er die Taschenlampe fallen. Sie rollte die Treppe hinunter und erlosch. Der arme Franz stand nun im Stockdunkeln. Nichts wie raus, dachte er. Er machte kehrt und stolperte die Stufen hoch. Er rutschte aus und fiel hin. Er rappelte sich wieder hoch, schlug einen

Purzelbaum rückwärts und landete unten am Treppenende. Er wollte aufstehen, doch da spielte sein linker Knöchel nicht mit! Der tat bei der kleinsten Bewegung höllisch weh. Aber die Angst brachte den Franz trotzdem die Treppe hoch! Auf allen vieren! Dabei rief er um Hilfe. Doch weil er wieder die Piepsstimme hatte, hörte das niemand.

Verdreckt und verheult war der Franz, als er endlich aus dem Keller draußen war. Erschöpft hockte er vor der Kellertür. Sein linkes Bein war seltsam weggestreckt. So fand ihn der Hausmeister. Der merkte gleich, daß mit dem linken Fuß etwas nicht stimmte.

„Der Franz ist verunglückt!" brüllte er zum ersten Stock hinauf.

Der Josef und die Leidenfrost kamen angesaust.

„O-gott-o-gott", rief die Leidenfrost. „Was hat er denn jetzt schon wieder?"

„Tut's sehr weh?" fragte der Josef.

„Garantiert gebrochen", sagte der Hausmeister.

Aber der Höllenschmerz im Knöchel vom Franz hatte schon nachgelassen. Wenn der Franz den Fuß nicht bewegte, tat er ihm fast gar nicht weh.

„Die Mami soll kommen", sagte der Franz.
Die Leidenfrost lief in die Hausmeisterwohnung. Der Franz hörte sie telefonieren. Er dachte: Sie ruft die Mama an!
„Kannst du auf einem Bein hüpfen?" fragte der Josef.
Der Franz nickte.

Aber der Hausmeister ließ das nicht zu. „Sitzen bleiben", kommandierte er. „Nicht bewegen!"
Dann kam die Leidenfrost aus der Hausmeisterwohnung und rief: „Die Rettung kommt gleich!"
Der Franz dachte, daß sie mit der Rettung die Mama gemeint hatte. Die Mama war ja immer die letzte Rettung für den Franz, wenn er Hilfe brauchte.
Zehn Minuten später merkte der Franz,

daß der Hausdrachen nicht die Mama gemeint hatte. Zwei Rettungsmänner kamen mit einer Trage, legten den Franz drauf und marschierten mit ihm aus dem Haus.
Der Franz war so entsetzt darüber, daß er weder brüllte noch piepste. Kein Wort brachte er heraus. Er dachte: Das kann doch nicht sein. Die Mama hat mir versprochen, daß sie mitkommt, wenn ich einmal ins Krankenhaus muß.

Geschworen hat sie es mir.
Doch da war die Trage mit dem Franz
schon im Rettungsauto. Die Wagentür
klappte zu, der Wagen fuhr los. Ein
Rettungsmann hatte sich auf den
Klappsitz neben der Trage gesetzt. Der
Franz piepste: „Die Mami soll kommen!"
Der Straßenlärm war so laut, daß der

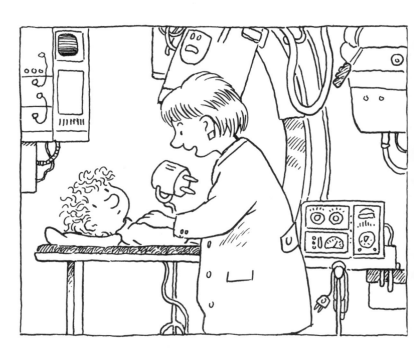

Rettungsmann ihn nicht verstand. Er
lächelte bloß und sagte:
„Alles halb so schlimm!"
Dann hielt der Wagen, und die Trage mit
dem Franz wurde herausgeholt. Die
Rettungsmänner trugen den Franz ins
Krankenhaus hinein. Der Franz schloß die
Augen. Er wollte von der ganzen Welt
nichts mehr wissen!
Die Augen machte er erst wieder auf, als
ihn jemand streichelte. Eine junge Frau
Doktor war das.
Sie sagte: „Jetzt machen wir ein
Röntgenbild von deinem Knöchel."
Der Franz piepste: „Die Mami soll
kommen!"
„Weißt du, was ein Röntgenbild ist?"
fragte die junge Frau Doktor.
Der Franz piepste: „Die Mami soll
kommen!"

33

„Ein Röntgenbild ist ein Foto von deinem Knochen", sagte die junge Frau Doktor.

Der Franz piepste: „Die Mami soll kommen!"

„Und das tut nicht weh", sagte die junge Frau Doktor.

Blöde Kuh, dachte der Franz und piepste weiter nach der Mama. Er piepste nach der Mama, als man ihn unter den Röntgenapparat schob und ihn wieder herauszog. Und als man ihn ins Gips-Zimmer rollte und eine Plastikschiene unter das Bein legte und als man ihm eine Gipsbinde ums Bein wickelte und Gips darauf schmierte.

Aber die Leute, die am Franz herumwerkten, schienen taub zu sein. Sie lächelten ihm lieb zu, streichelten ihn und sagten: „Bald hast du es geschafft!" Und: „Es ist gar nicht so schlimm!" Und:

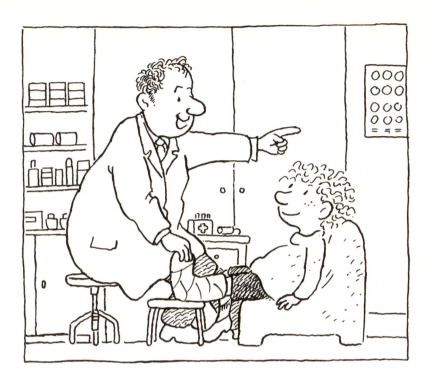

„Bloß ein kleiner Sprung!"
Endlich erwischte der Franz einen
vernünftigen Menschen. Einen, der sich
die Mühe nahm, das Piepsen zu
verstehen. Der sagte zu ihm:
„Deine Mami ist längst da. Die wartet
draußen."

Da ging es dem Franz wieder gut, und seine Stimme wurde wieder normal.

„Kann ich mit dem Gips morgen auf Wandertag gehen?" fragte der Franz den vernünftigen Menschen.

„Unmöglich", antwortete der vernünftige Mensch. „Sei froh, daß du nicht hierbleiben mußt, sondern mit der Mama heimfahren kannst!"

Der Franz nickte. Das sah er ein.

Ganz trocken war der Gips schon, als die Mama endlich ins Zimmer durfte.

„Ach, mein armer Franz", rief die Mama und schloß den Franz in die Arme.

„Es geht mir ja gut", sagte der Franz.

„So was von tapfer!" sagte die Mama.

„War bloß ein Klacks!" sagte der Franz.

Dann kamen wieder zwei Rettungsmänner. Die legten den Franz auf die Trage, trugen ihn zum Rettungswagen und

schoben die Trage hinein.
Auf der Heimfahrt saß die Mama auf dem Klappsitz. Und als die Rettungsmänner den Franz ins Haus trugen, waren viele Nachbarn an den Fenstern und winkten dem Franz zu.

Der Franz hatte sich an das Gipsbein bald gewöhnt. Wie ein Wiesel humpelte er damit herum. Die Gabi fand das Gipsbein sogar „todschick".

Drei Wochen hatte der Franz den Gips schon, da sagte die Gabi:

„Auf den Gips mußt du was draufschreiben. Dann schaut er noch viel todschicker aus."

Der Franz ging zum Josef. Weil der Josef eine schöne Schrift hatte. Er sagte zum Josef:

„Bitte schreib mir etwas Todschickes auf den Gips!" Er dachte: Mein großer Bruder kennt sich da besser aus. Der wird schon wissen, was todschick ist!

Der Josef nahm einen dicken roten Filzstift und sagte:

„Leg dich hin, da kann ich besser schreiben!"

38

Der Franz legte sich aufs Bett. Der Josef setzte sich auf den Bettrand.
„Was schreibst du denn?" fragte der Franz. Er konnte sein Gipsbein nicht sehen. Zwischen seinen Augen und dem Gips war der Rücken vom Josef.

„Das Todschickste von ganz überall",
kicherte der Josef.
Der Franz hörte den Filzschreiber über
den Gips quietschen.
Dann rief der Josef „Fertig", sprang auf
und lief aus dem Zimmer.

Der Franz setzte sich auf und starrte den
Gips an. Mit riesigen roten Buchstaben
stand da: I LOVE ULLI.
„Nein", brüllte der Franz. „Mach das
weg!"
Die Ulli war das einzige Kind in der
Klasse, das der Franz überhaupt nicht
leiden konnte.
Der Franz sprang aus dem Bett und
humpelte hinter dem Josef her. Aber der
rannte in sein Zimmer und versperrte die
Tür. Der Franz hämmerte an die Tür. Der
Josef rührte sich nicht.
Bloß die Leidenfrost kam und keifte: „Hör
sofort auf, du Depp!"
Der Franz versuchte, das I LOVE ULLI
vom Gips zu waschen. Der Gips wurde
um die Buchstaben herum ein bißchen
rosa, aber die Buchstaben verschwanden
nicht.

41

Der Franz schmierte Deckweiß auf die Buchstaben. Da waren sie weg. Doch als das Deckweiß getrocknet war, blätterte es wieder ab. Bei jedem Schritt, den der Franz machte, fiel etwas Deckweiß zu Boden. Am Abend waren alle roten Buchstaben wieder da!

„So darf mich niemand sehen", schluchzte der Franz. „Ich hasse die Ulli! Sie ist blöd, und ich bin todfeind mit ihr!"

Der Franz wischte sich Tränen aus den Augen.

„Und wenn das die Gabi sieht", piepste er. „Und wenn sie das glaubt, dann geht überhaupt die Welt unter!"

Der Josef war zerknirscht. „Es sollte ja nur ein guter Witz sein", sagte er. Und: „Tut mir leid. Zieh halt eine lange Hose an!"

Aber die lange Hose vom Franz ging über das Gipsbein nicht drüber. Da hätte die Mama vorher das linke Hosenbein auftrennen müssen. Und dann hätte sie einen langen Zippverschluß einnähen müssen. Und so einen Zippverschluß hatte sie nicht. Und es war ja schon Abend. Alle Geschäfte hatten geschlossen.

„Lack würde auf dem Gips halten", sagte der Papa.
Aber es war nur schwarzer Lack im Haus. Einen schwarzen Gipsfuß wollte der Franz auch nicht haben! Der arme Franz hatte schon ganz rotgeweinte Augen, da rief die Mama:
„Ich hab's! Das ist die Lösung!"

Sie nahm den roten Filzstift. Der Franz
mußte sich wieder aufs Bett legen.
Die Mama malte aus dem U von Ulli ein
O. Und vor dieses O malte sie ein L.
Und hinter das I ein S.
I LOVE LOLLIS stand jetzt auf dem Gips.
Der Franz konnte zu weinen aufhören.
Von diesem Tag an merkte der Franz,
daß es sehr viele sehr liebe Menschen
gibt. Wo der Franz auch hinkam, sagte
jemand zu ihm: „Ach, du liebst Lollis?"
Und dann bekam er meistens einen Lolli
geschenkt. Oder ein Bonbon oder einen
Kaugummi. Als Ersatz für den Lolli, wenn
die netten Leute keinen Lolli hatten.
Bald hatte der Franz so viele Lollis und
Bonbons und Kaugummis, daß er sie gar
nicht wegschlecken, weglutschen oder
wegkauen konnte. Er schenkte sie dem
Josef.

45

Und der sagte: „Ich hab ja schließlich auch ein Recht darauf! Ich bin ja die Ursache von deinem Lolli-Glück!"
Der Franz glaubte das zwar nicht. Aber er wollte mit dem Josef nicht streiten. Er war froh, wenn der Josef freundlich zu ihm war.

Der rote Tirolerputz

Die größte Gemeinheit und Ungerechtigkeit
waren aber die roten Juckpusteln. Die
bekam der Franz, wenn er Tomaten, Eier
oder Erdbeeren aß.
„Das ist eine Allergie", erklärte die Mama
dem Franz. „Das ist nicht weiter schlimm!
Du darfst halt keine Erdbeeren und Eier
und Tomaten essen."
Tomaten mochte der Franz ohnehin nicht.
Auf Eier konnte er auch leicht verzichten.
Aber Erdbeeren liebte der Franz über
alles. Das Wasser lief ihm im Mund
zusammen, wenn er bloß eine sah! Und
wenn er Erdbeerduft in die Nase bekam,
dann spürte er eine schreckliche
Erdbeergier im Magen.
Einmal war der Franz beim Xandi zu

einer Gartenparty eingeladen. Und es war gerade Erdbeerzeit. Die Mama vom Xandi hatte unter den Apfelbäumen ein riesiges Büffet hergerichtet. Auf einem langen Tisch standen große Platten. Da gab es: Erdbeertorte und Erdbeerkuchen, Erdbeereis und Erdbeermilch, Erdbeerquarkcreme und Erdbeerstrudel, Erdbeersaft und Erdbeeren in Schokolade getunkt.

„Alles mit Erdbeeren?" fragte der Franz
ganz unglücklich.
„Natürlich", sagte der Xandi. „Das ist ja
auch ein Erdbeerfest!"
Zuerst rührte der Franz keinen Bissen an
und trank keinen einzigen Schluck. Aber
er hatte kein Mittagessen im Magen. Weil
die Leidenfrost Mohnnudeln gekocht
hatte. Die mochte der Franz nicht. Und
da hatte er sich gedacht: Ich laß diese

Igittigitt-Mampe stehen und schlag mir dann auf der Gartenparty den Bauch voll.

Immer hungriger wurde der Franz. Und die Gier nach Erdbeeren wurde auch immer größer in ihm. Und alle Kinder um ihn herum stopften sich unentwegt Erdbeeren in den Mund! Da hielt es der Franz nicht mehr aus. Ein kleines Erdbeertörtchen aß er, und ein winziges Gläschen Erdbeersaft trank er. Und dann dachte er: Also, wenn schon, dann denn schon! Juckpusteln krieg ich sowieso, also kommt es nun auch nicht mehr drauf an! Der Franz aß noch zwei Stück Erdbeertorte und ein Schüsselchen Erdbeercreme und zwei Becher Erdbeereis. Und er trank vier große Becher Erdbeerlimonade. Ein regelrechtes Erdbeer-Festessen veranstaltete er.

Mit einem dicken harten Kugelbauch kam

50

der Franz am Abend nach Hause. Und speiübel war ihm.
„Was hat denn mein Franz?" fragte der Papa. Der Franz konnte ihm keine Antwort geben. Blitzschnell verschwand er im Klo. Die halbe Kloschüssel kotzte der Franz voll. Und dabei jammerte er ganz erbärmlich.

Die Mama kam, um dem Franz
beizustehen. Der Franz zog schnell die
Klospülung. Aber da hatte die Mama
schon gesehen, daß es in der
Kloschüssel total erdbeerrosa war mit
roten Erdbeerstückchen drinnen. Und sie
wußte, was der Franz gegessen hatte.
„Ach, Franz", seufzte sie. „So was von
Unvernunft! Und dazu noch so viel!"
Am nächsten Morgen war dem Franz
nicht mehr übel. Aber er hatte so viele
rote Pusteln auf dem Leib, daß von
seiner normalen weißen Haut kaum mehr
etwas zu sehen war. Krebsrot war er.
Und ganz rauh. Seine Haut fühlte sich
wie der Tirolerputz auf dem Haus von
der Tante Trude an. Und das Ärgste war:
Vom Scheitel bis zu den kleinen Zehen
juckte der verflixte Tirolerputz zum
Irrewerden!

52

Der Franz ging unter die Dusche. Da ließ das Jucken nach. Aber der Papa drehte die Dusche wieder ab.

„Du weißt doch, daß die Pusteln austrocknen müssen", sagte er. „Wenn du sie im Wasser aufweichst, bleiben sie dir dreimal so lange!"

Obwohl es ein sehr warmer Tag war, zog sich der Franz eine lange Hose und ein Hemd mit langen Ärmeln an. Damit man möglichst wenig vom Tirolerputz sehen konnte.

Am liebsten wäre er ja gar nicht aus dem Haus gegangen. Doch der Papa und die Mama sagten:

„Jetzt mach kein Theater! Juckpusteln hindern weder am Gehen noch am Schreiben, noch am Denken!"

Alle Kinder in der Klasse bestaunten den Franz. Den meisten Kindern tat er leid. Bloß ein paar lachten über ihn. Aber auch nicht sehr.

54

Nur die Ulli, die war wieder blöd. Als sie merkte, daß sich der Franz dauernd kratzte, sagte sie:
„Der Franz hat Flöhe und Läuse und Wanzen."
Der Eberhard Most nahm den Franz sofort in Schutz. Der Eberhard Most liebt den Franz nämlich. Und dazu ist er noch das größte und stärkste Kind in der Klasse.

„Aber nein", sagte der Eberhard Most zur Ulli, „der Franz hat eine Allergie, und die juckt. Siehst du nicht, daß er einen roten Ausschlag hat?"

„Na klar", rief die Ulli. „Wenn man Flöhe

und Läuse und Wanzen hat, bekommt
man nämlich davon einen roten
Ausschlag."

„Nein!" sagte der Eberhard Most. „Der
Ausschlag kommt von den Erdbeeren!"

„Ha, ha! Von den Erdbeeren!" Die Ulli
tippte sich mit dem Zeigefinger auf die
Stirn. „So ein Blödsinn! Die Krätze hat
er. Und die kommt vom Ungeziefer."

„Nimm das sofort zurück!" rief der
Eberhard Most.

„Ich denke nicht dran!" schrie die Ulli.
Und dann rief sie den anderen Kindern
zu: „Kommt dem Franz nicht zu nahe.
Sonst kriegt ihr Flöhe und Läuse und
Wanzen von ihm."

„Halt sofort den Mund!" brüllte der
Eberhard Most.

„Schaut! Er kratzt sich schon wieder."
rief die Ulli. Sie zeigte auf den Franz.

„Es ist wirklich nur ein Erdbeerausschlag",
piepste der Franz.
„Lüg nicht, du Flohbeutel!" rief die Ulli.
„Ein Läusesack bist! Ein Wanzenbinkel!"
Da knallte ihr der Eberhard Most eine.
Und gerade in dem Augenblick kam der
Zick-Zack in die Klasse. Der Zick-Zack
ist der Lehrer vom Franz. Eigentlich heißt
er Swoboda. Zick-Zack nennt ihn der
Franz, weil er immer so zick-zack-kurz
und im Kommandoton redet.
„Setzen!" rief der Zick-Zack, und zum
Eberhard Most sagte er: „Extra-Aufsatz
bis morgen! Thema: Warum Starke
Schwache nicht schlagen sollen."
„Aber bitte, ich ..." protestierte der
Eberhard Most.
„Mund halten!" rief der Zick-Zack, nahm
die Kreide und schrieb eine Rechnung
an die Tafel.

59

Der Eberhard Most war im Aufsatzschreiben nicht gut. Und der Franz fand, daß er ihm Hilfe schuldig war. So kam der Eberhard Most am Nachmittag zum Franz. Aber so recht wußte der Franz auch nicht, was da nun zu schreiben war. Er holte den Josef. Und der Josef diktierte: Die Ulli war sehr gemein zum Franz. Aber weil sie viel stärker ist als der Franz, konnte sich der Franz gegen sie

nicht wehren. Deshalb habe ich das für ihn erledigt. Wenn die Starken nicht eingreifen, wer schützt dann die ganz Schwachen? Ich ersuche Sie, mir das zu erklären, damit ich mich daran halten kann.

Am nächsten Tag gab der Eberhard Most dem Zick-Zack den Extra-Aufsatz. Der Zick-Zack las ihn gleich. Nachher sagte er zum Eberhard:
„Schwieriges Problem! Werde darüber nachdenken."
Eine Woche lang wartete der Eberhard Most auf eine Antwort vom Zick-Zack. Es kam keine. Und dann war die Haut vom Franz ohnehin wieder glatt und pustelfrei und juckte nicht mehr. Da vergaß der Eberhard Most, daß ihm der Zick-Zack noch eine Antwort schuldig war.

61

Die einzige Krankheit, die der Franz gerecht und gar nicht gemein fand, war der Scharlach. Den bekam nicht er, den bekam der Josef. Aber der Arzt sagte, der Franz könnte sich auch schon mit Scharlach angesteckt haben. „Tut mir leid", sagte er zum Franz. „Für dich gibt es jetzt drei Wochen Hausarrest. Sonst steckst du noch andere Kinder an."

Der Franz bekam den Scharlach nicht, und die drei Wochen wurden wunderschön. Die Mama nahm sich Urlaub, um den Josef zu pflegen. Aber der schlief meistens. So hatte die Mama jede Menge Zeit für den Franz. Zum Spielen und Geschichtenerzählen, zum Liedersingen und zum Schmusen und zu überhaupt allem, was der Franz nur wollte.

Jetzt fragt der Franz den Josef oft:
„Wann kriegst du denn endlich wieder
Scharlach?"
Hundertmal hat der Josef dem Franz
schon erklärt: „Nie mehr! Scharlach
kriegt man nur einmal im Leben."
Aber der Franz hofft trotzdem. Schließlich
gibt es ja im Leben auch immer
Ausnahmen.

Alle SONNE·MOND·UND·STERNE-Bände auf einen Blick:

Cora Annett
Armer Esel Alf

Gunilla Bergström
Guten Tag, Herr Zauberer

Kirsten Boie
Geburtstagsrad mit
Batman-Klingel

Sehr gefräßig,
aber nett

King-Kong, das
Geheimschwein

King-Kong, das
Reiseschwein

King-Kong, das
Zirkusschwein

King-Kong, das
Liebesschwein

Lena hat nur Fußball
im Kopf

Irmela Brender
Plitsch-Platsch-Patrizia

Erhard Dietl
Die Olchis sind da

Die Olchis räumen auf

Die Olchis
fliegen in die Schule

Elfie Donnelly
Die getauschten Eltern

Das Weihnachtsmädchen

Willi, Tierarzt für Kinder

Eva Eriksson
Lauras Geheimnis

Ursula Fuchs
Eine Schmusemaschine
für Jule

Herbert Günther
Der erste Ferientag

Ole und Okan

Eveline Hasler
Ottilie Zauberlilie

James Krüss
Florian auf der Wolke

R. und S. Lagercrantz
Metteborg in der
ersten Klasse

Metteborg in der
zweiten Klasse

Metteborg in der
dritten Klasse

Astrid Lindgren
Lotta zieht um

Pippi plündert den
Weihnachtsbaum

Paul Maar
Die Eisenbahn-Oma

Das kleine Känguruh
auf Abenteuer

Das kleine Känguruh
lernt fliegen

Das kleine Känguruh
und der Angsthase

Tier-ABC

Die vergessene Tür

Der verhexte
Knödeltopf

Jakob
und der große Junge

Erwin Moser
Paulis Traumreise

Christine Nöstlinger
Geschichten vom Franz

Neues vom Franz

Schulgeschichten
vom Franz

Neue Schulgeschichten
vom Franz

Feriengeschichten
vom Franz

Krankengeschichten
vom Franz

Liebesgeschichten
vom Franz

Weihnachtsgeschichten
vom Franz

Ein Kater ist kein
Sofakissen

Jo Pestum
Das kleine Mädchen
und das große Pferd

Hans Peterson
Als wir eingeschneit waren

Otti Pfeiffer
Wer will eine kleine
Katze haben?

Margret Rettich
Opas Katze

**Margret und Rolf
Rettich**
Wie Ostern doch noch
schön wurde

Von ruppigen,
struppigen Seeräubern

Teddy-Krimi

Maria Rosken
Eine Katze für Katrin

Ursel Scheffler
Oma Paloma

Renate Welsh
Du bist doch schon groß

Das kleine Moorgespenst

Mit Hannibal wär alles
anders